U0668077

与众不同的职业

[法]巴亚出版社/编绘　潘　蕾/译

天津出版传媒集团

新蕾出版社

目录

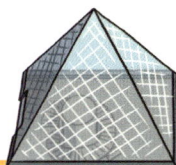

那些与众不同的职业！

消防员埃利奥特

高山救援警察爱丽丝

海洋动物饲养员玛丽昂

动物医生爱丽尔

火山守护者艾琳

极地探险家保罗

音乐家莫扎特

画家达·芬奇

了不起的消防员
——埃利奥特

埃利奥特是一名消防员，他的主要职责是灭火和救人。今天轮到他值班，接下来的两天一夜他都将在消防队待命，随时准备出发去救援。

你好，我是消防员埃利奥特，也是这辆消防车的司机，我和我的同事将出发前往交通事故现场。一上车，我就拉响了消防车的警笛，打开了警示灯。

　　我们到达了事故现场。原来有两辆车撞到了一起，现场还有一辆消防车停在我们后方，车上挂着警示牌，提醒后方的司机减速绕行。

　　我们来看看驾驶员的伤情吧！这位驾驶员的腿受伤了，我们把她抬到担架上，并固定住她的身体。立刻出发前往医院！

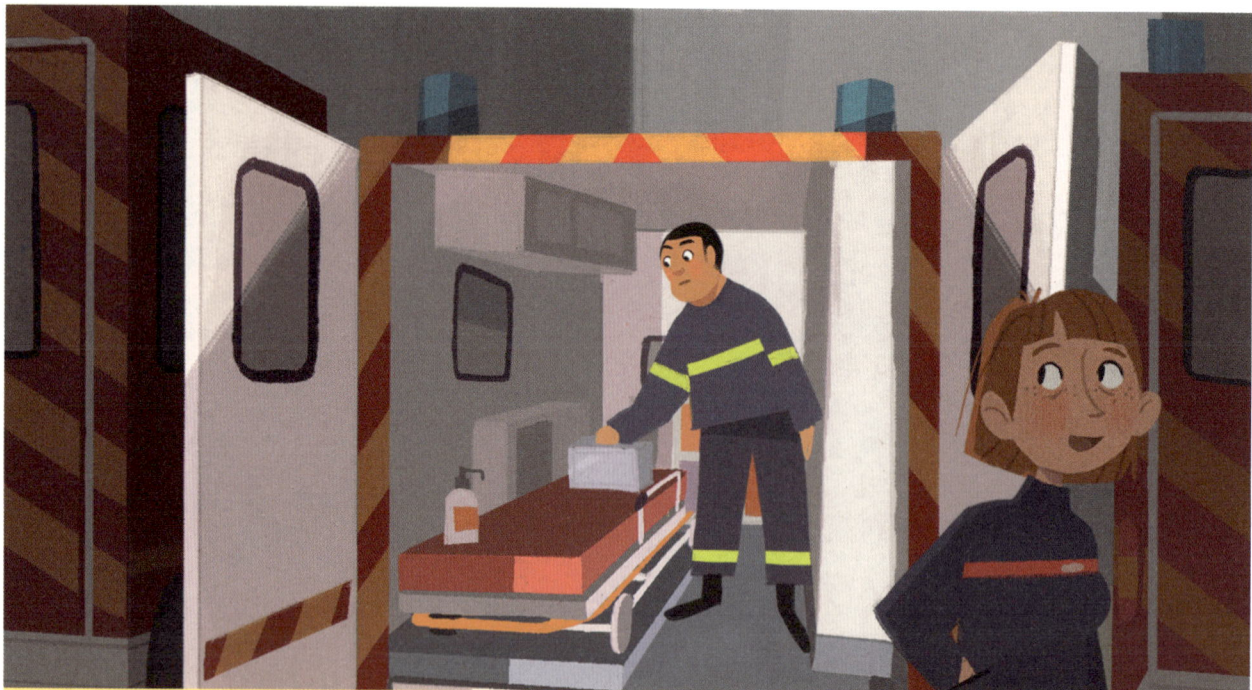

送完伤者，我们又回到了消防队。吃午饭前，我检查了一遍车上的装备，确保在下次执行任务时，所有的工具都准备齐全，井井有条！

检查完毕后，我终于能去食堂吃饭了！可是刚一坐下，消防警报就响了，看样子我们又要出发了……一名工人被困在了工地吊车的吊篮里，需要我们用云梯去救援。

我们迅速抵达目的地，这名工人已经被困在半空中好一阵了！我们展开云梯，一名消防员上去把困在吊篮里的工人解救了下来……好了，现在他安全了！

　　一个下午就在忙忙碌碌中过去了。我回到消防队，准备和同事们去跑步。我们每天都会锻炼身体，好让自己保持最佳状态。

　　这天深夜，队长突然叫我们到操场集合，原来 300 千米以外的一片森林起了大火，我们需要马上赶去扑救。得开好几个小时消防车才能到呢，我们赶快出发吧！

我们终于抵达了火场。虽然大家又困又累，但还是义无反顾地冲了上去！我们把消防车停在树林里，迅速拉开消防水龙灭火。

我和一位同事抬着消防水龙，水龙喷出的水流非常强劲，我们需要用力扶住水龙喷嘴，对准火焰。不过火势实在是太猛了，消防车里的水不够将火扑灭……

太好了，一架消防飞机来帮忙了！队长通过无线电引导飞机将水喷洒到火场上。太棒了，大火马上就要被扑灭了！

大火被成功扑灭了！几位同事留在了现场确保火不会复燃，我和其他人返回了消防队。

回到消防队后，我再次检查了装备。瞧，这根水管被扎了一个洞，得拿去修理修理了。今晚我就能结束值班，回家休息一下了！

欢迎来到消防队

这里就是消防员工作的地方，存放有各种消防设备和消防车辆，一起来参观一下吧！

这些消防员在用云梯做消防演练。

每天早上，消防员们都会跑步健身。

这辆消防车准备出去执行任务了。

一定要记住，消防报警电话是 119。

这是消防训练塔，它是专门用于消防员训练的。

消防救援

走进这扇大门，让我们来看看消防队的营房里是什么样子的吧。

这位女消防员来值班了。

忙碌的营房内部

消防员们一直待命，随时准备出发去执行任务。

这里是食堂，是消防员们吃饭的地方。

这个房间是消防员的休息室。

这里是呼叫中心。

这里是指挥中心。接到指令后，消防小队就出发了！

嘘，小点儿声，这位消防员正在宿舍里休息呢！

他的制服就放在床边，如果遇到紧急情况，马上就能穿戴整齐。

这里是浴室。

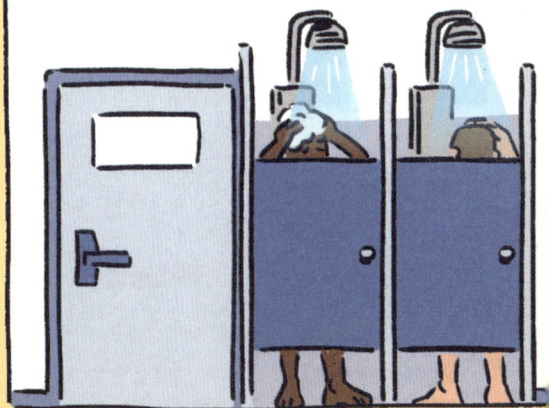

健身时间到！消防员们每天都会锻炼身体。

这里是消防队队长的办公室。

这里是学习室。

准备出发

消防队的所有车辆都停放在停车场里，每次任务出动的车辆会根据实际情况进行调配。

这是消防员救火时穿的消防服，上边的是头盔。

急救车简直就是一间迷你医院！

这位消防员刚收到救援指令，他迅速穿好消防服，准备出发！

道路救援车在有交通事故时出动。

这里是出口，消防车准备出发了。

一位消防员正在进行登高训练，他要徒手爬上 2 米高的平台。

这种全地形救援车非常厉害，森林或被损坏的路都阻挡不了它！

这辆车的云梯非常长，云梯一端的吊篮一次能救援 5 个人！

水上有险情时会出动橡皮艇。

19

消防车

消防车多种多样，这是其中一种类型。

水管卷起放在车子尾部，救火的时候拉出即可。

这个部件叫作水泵，它可以接上数条水管，靠压力喷出水柱。

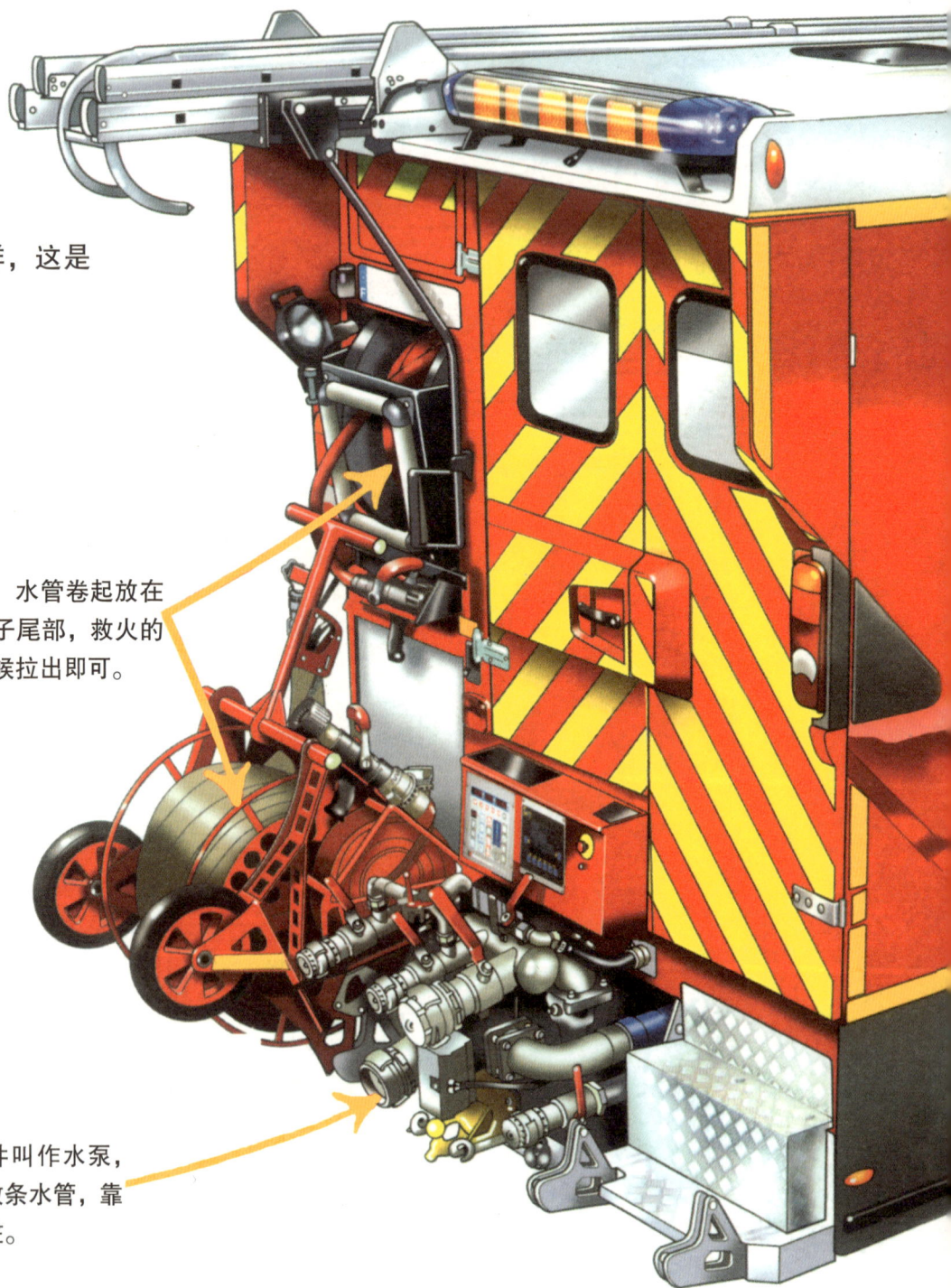

车顶上配有不同
大小的伸缩云梯。

车头的警示灯可以提醒
道路上的其他车辆：十万火
急，请让路！

119

有些消防车会在车身
喷上求救电话号码。

我国消防车通常是红色的，其他国家也有黄色或者橙色的消防车。

消防车内部

消防车上备有各种各样的灭火器材，急救设备也很齐全，因为伤者需要先就地治疗，然后再送往医院。

消火栓接上粗大的水管，就会有源源不断的水流。

这是绞盘，消防员借助它拉出、收起长短不同的水管。

消防员持有开启消火栓的专用钥匙，这把钥匙也可以锁住连接消火栓的水管。

急救包里，急救用品一应俱全。

消防员用消防水龙
向火焰喷水。

水管内的压力极高，消防员要两人
合作才可以控制喷水方向。

消防员穿的防护服
既防火又防水。

火场浓烟密布，
消防员必须戴上面罩，
依靠氧气瓶呼吸。

衣服上的反光条
能清楚地显示消防员
所在的位置。

消防车车厢的左侧有
一个大箱子，里面存放着
水管、照明器材……

救生毛毯能帮助
伤者保持体温。

特别设计的垫子
能固定住伤者。

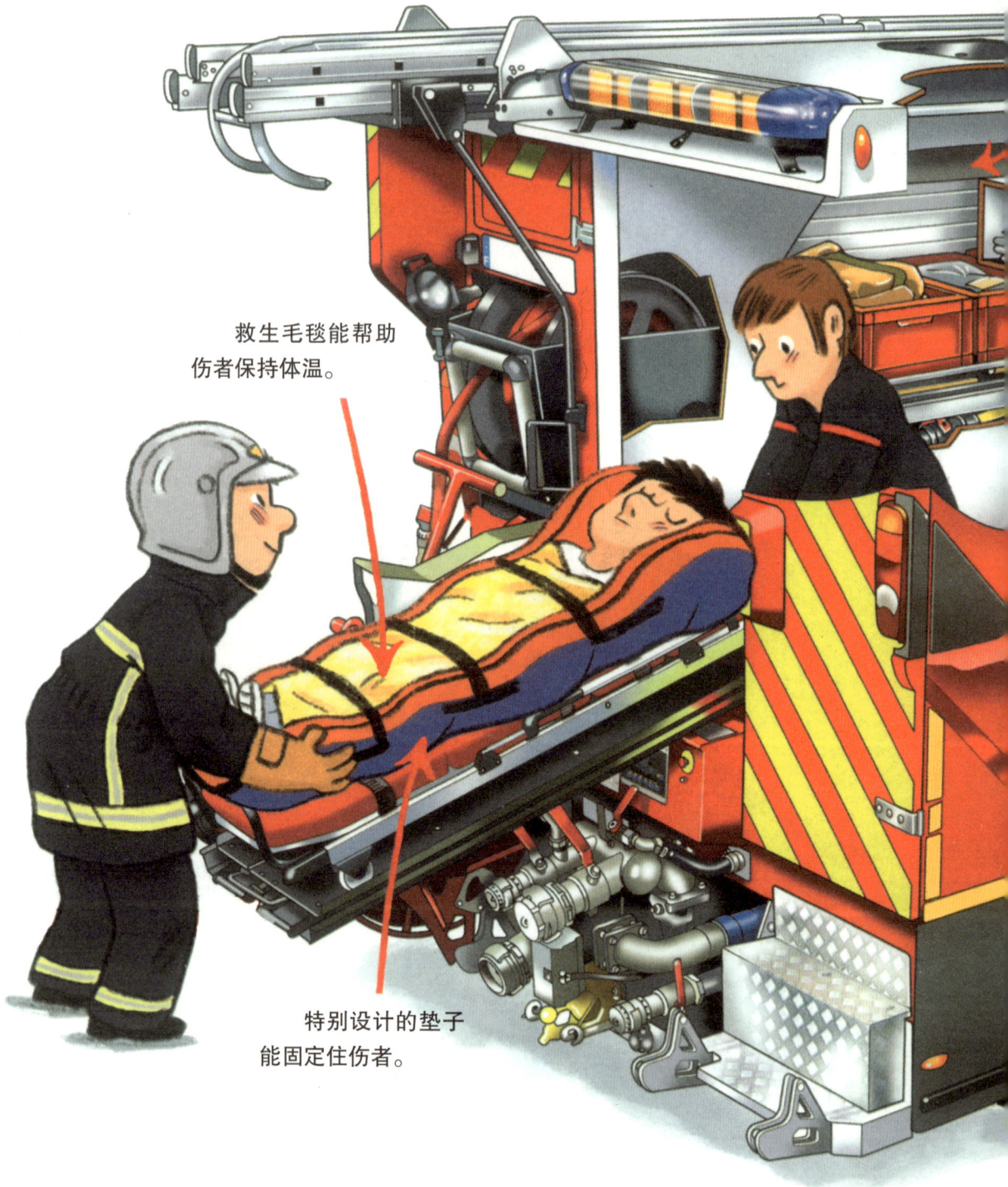

这一侧存有绷带、氧气瓶，以及能使心脏恢复跳动的心肺复苏机……

驾驶室可以坐6个人，前排2个，后排4个。

119

水箱设在车子底部。

你知道吗？

消防车有很多种，有些消防车有专门的用途。

医疗车就像一座迷你医院。

这辆消防车有一架升降吊臂。有了上面的小吊篮，消防员一次可以救出 5 个人。

越野消防车可以去山林救火。

消防员利用特长云梯疏散高楼居民。

这是一辆双头消防车！它可以在狭窄的街道或隧道内出入自如。

你知道吗？

进入火场时，消防员需要穿上特殊材质的消防服来抵御火焰和高温。

耐高温材料制成的头盔能很好地保护消防员的头部。

消防员用的这种护目镜耐热性能与抗物体冲击性能非常好。

防护头套能使消防员的头部、颈部免受火焰烧伤或高温烫伤。

火场中往往充斥着浓浓的烟雾，反光条能使消防员更容易被受困人员发现。

消防服的上衣和裤子是用防火耐高温的特殊纤维材料制成的。

消防靴也能隔绝高温。

高山救援警察
——爱丽丝

爱丽丝居住在阿尔卑斯山脚下的小镇霞慕尼。
她所从事的职业非常特别。

你们好！我叫爱丽丝。我是一名高山警察兼救援队队员。瞧，这是我们救援队的全体成员。我们将霞慕尼救援所前的这片区域称为空投区。我们的职业很危险，但却十分有意义。

一大早，我和同事皮埃尔就开始了训练——借助冰镐、冰爪等工具，主要靠手臂和小腿的力量攀登冰瀑。每周我们都会进行这种训练，也会进行几次跑步或滑冰的训练。

这天下午，我接到了求助电话——"有人在暴风雪中走失了！请求马克和贝特朗带领搜救犬速来搜救！"于是我们马上展开救援，幸好我们很快就将受困的人救了回来。

第二天，我从直升机上查看勃朗峰。嘿，那儿！那些雪面有崩塌的风险！我请求爆破人员通过引爆炸药震落积雪。

看到那座房子了吗？它是一座供登山者休息的高山小屋。但此时，它并没有开放。我确认周围没有人在此滑雪，只有一些偶尔出现的岩羚羊！

今天，我会对一些也想成为高山救援队队员的年轻警察进行培训。通过训练，他们能够在不受伤的情况下，以最快的速度攀爬到悬崖顶。

下午的时候，我又成了警卫员。"铃——铃——"警报响了！有一名向导掉进了冰缝里，这名向导和两位游客在一起。我们必须赶过去救他！

　　我从不会单独出发。今天，马修陪我一起去。我确认携带了绳子、担架、急救包、氧气瓶等救援装备。为了拯救生命，这些一样都不能落下！

　　出发了！皮埃尔驾驶直升机，机械师帕斯卡坐在他旁边。飞行期间，我通过无线电与救援所及医生取得了联系。每个人都全神贯注……

我们发现了遇险人员！那位先生摆出"Y"的姿势，表示"我们需要救援"。我们沿着绳索下去同他们会合。

到达救援地点后，我们先用带钩的绳索将这位先生和一位女士固定住，然后把连接他们与向导的绳子解开。

随后，我下降到 15 米深的冰缝中。这相当于 5 层楼的高度！我将向导固定在绳索上，查看他的伤势，并用夹板保护住他的头部。这时不能拖动他，不然有可能把冰块震落！

马修协助我把向导从冰缝中救了出来。直升机先将受伤的向导和两名游客带离，晚点儿它会再回来接我们，而在这之前，我们会在原地收拾好救援装备。

好了，现在我已经从山上下来了。刚刚去打听过那名向导的消息，得知他只受了一些轻伤，我如释重负。我真为自己从事的这个职业感到自豪！

你知道吗?

这是霞慕尼高山救援警察的徽章。

山

冰镐：用来登山。

红十字：表示高山救援警察承担了救援任务。

龙胆草：一种高山植物。

霞慕尼高山救援所是世界上最大的救援所之一。50 年间，队员们营救的人员超过 25000 名！

在法国，总共有 270 名高山救援警察，其中一部分高山救援警察同时也是高山向导。

认识直升机

在山区，直升机几乎能去任何地方。多亏了它，救生员才能够很快把人救出来。

直升机顶部可以转动的叶片叫桨叶。这些桨叶组成了直升机的旋翼。正因为有了旋翼，直升机才可以飞。

这是尾桨。

天线可以确保直升机与基地之间的无线电联系。

直升机借助起落架降落在地面上。

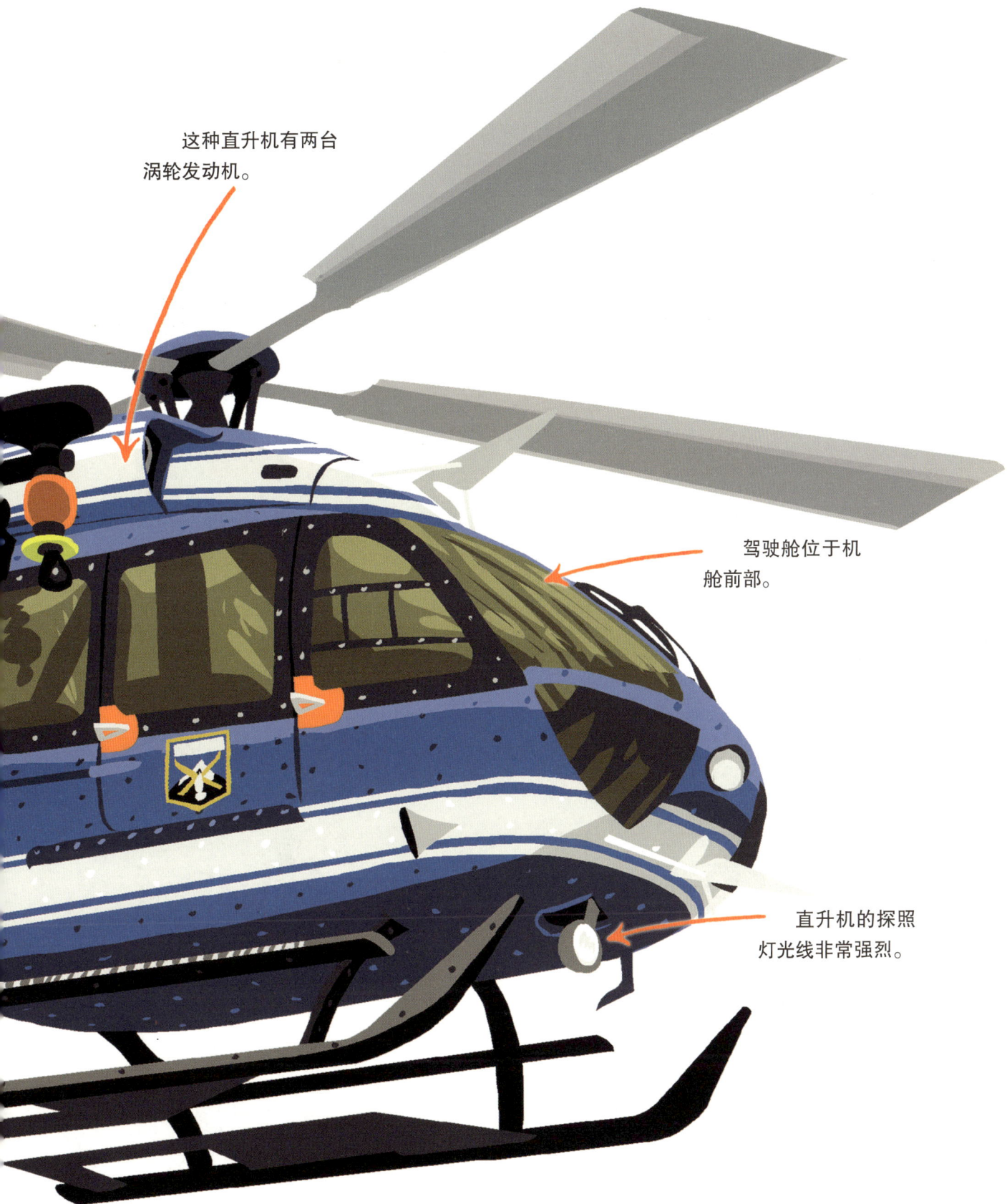

这种直升机有两台
涡轮发动机。

驾驶舱位于机
舱前部。

直升机的探照
灯光线非常强烈。

直升机降落时不需要跑道，但有时也会遇到难以降落的情况。

直升机是如何行进的？

驾驶直升机时，驾驶员会操纵尾桨来控制主桨叶的角度。

主桨叶向前倾斜，直升机前进。

主桨叶向后倾斜，直升机后退。

主桨叶向一边倾斜，直升机向左或右移动。

驾驶舱

驾驶舱可供两名驾驶员使用。
每种操作装置都是双份的。

头盔装有内置
耳机和麦克风。

驾驶员用左手握住节气
门操纵杆来操纵发动机，使
直升机上升或下降。

驾驶员用右手来控制
直升机的移动方向。

这些仪表盘可以显示直
升机的速度、高度等信息。

这两个脚踏板是用来
掉转机头方向的。

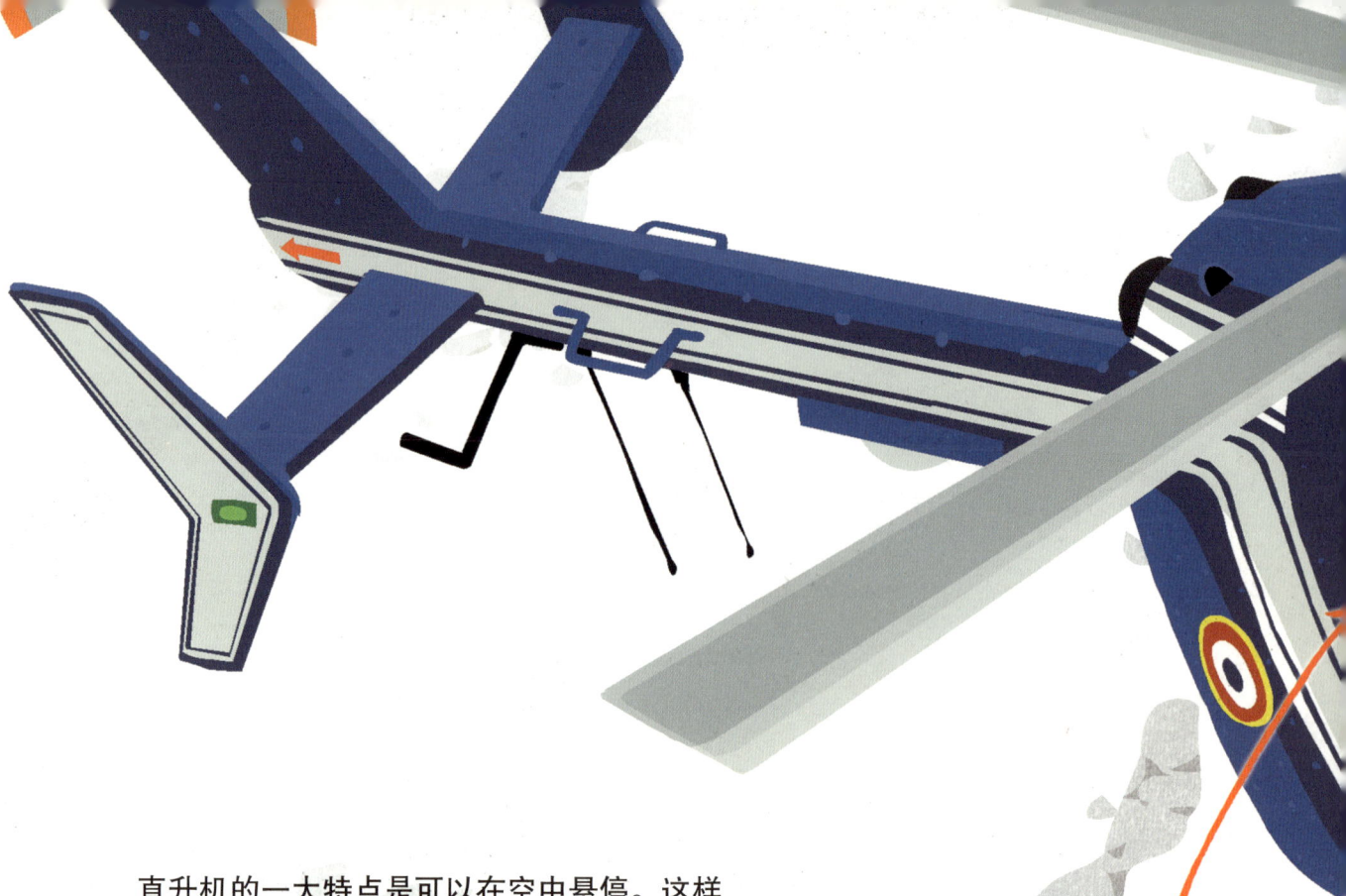

直升机的一大特点是可以在空中悬停。这样救生员就可以在直升机上运用起吊技术。

绞盘可以放开、卷起非常坚固的绳索。

如果发生了撞击，头盔可以保护救生员的头部。

在起吊伤员时，驾驶员要确保直升机平稳。哪怕有风，直升机也要悬停在一个固定位置上。

背带系统可将救生员固定在直升机上。

这名救生员站在踏板上操纵绞盘。

在绳索的一端，另一名救生员正在照料伤员。

伤员被牢牢固定在担架上。

海洋动物饲养员
——玛丽昂

玛丽昂从事着一项有趣的职业：海洋动物饲养员！她可是非常忙碌的，快来看看她的一天是如何度过的吧。

大家好！我是玛丽昂。我的一天是这样开始的：早上，我先和另一位饲养员托马斯一起潜水到鲨鱼池里，确认所有的事情都井然有序。潜水是我的爱好！当讲解员西蒙在向游客们介绍鱼类的时候，游客们会从玻璃的另一面看着我们，这非常有趣。

上午，鲨鱼安静地游泳，任凭我们行动。我清洁池内的玻璃，这样游客就可以看清楚里面的鱼了。

然后，我要去找一条灰色的雌性鲨鱼。上个星期，它被咬伤了。啊！它在那儿！它的鳍好了一点儿，皮肤愈合得也很快，我放心了。

我重新回到了水面。现在，我仔细观察着珊瑚。它们看上去很像岩石，但它们是有生命的，这是一群聚集在一起的微小动物。

瞧，这个珊瑚正在被藻类侵蚀。为了清洁它，我要刮去绿色的藻类。由于珊瑚比荨麻更容易刺伤皮肤，我需要戴上手套去触碰它们。

接下来，我要开始准备动物们的食物了。有的鱼喜欢吃鱼肉或者解冻的虾，而有的鱼则喜欢吃菠菜！我把维生素药片加进去，这样它们就可以保持健康了。

快到中午的时候，我会在热带馆做主持人。我向游客介绍我们怎么给鱼类喂食——先给大型鱼喂食，然后给中型、小型鱼喂食……

　　这里是鲨鱼池的水面。我们一周喂两次鲨鱼，一旦我搅动池水在水面画圈，它们就会靠近。然后我就给它们鱼吃，看着它们全部吃掉。

这个下午，我在远离公众的储藏室工作。我还是珊瑚的饲养员！我在培育 80 种不同种类的珊瑚。

为了培育珊瑚，我在鱼缸里把它们敲碎或整枝剪下，然后将敲下或剪下的枝重新种进一个玻璃水族缸里任它们生长。它们长大后，会被用来装饰水族馆。

　　下午晚些时候，我给水母带来了食物——它们以丰年虾或浮游生物为食。水母看上去特别像小伞。它们在海洋馆每天可以进食两次。

一天的工作快要结束了，我要去看企鹅了。这里的企鹅都出生在海洋馆里，而且每只都有名字。我最喜欢的是欧芭乐，它是一只 3 岁的企鹅。

一旦有人出现，欧芭乐就会靠上前去。它已经习惯和我们相处了，因为自出生起，它就是被饲养员养大的。对于动物们来说，饲养员有点儿像妈妈。

你知道吗?

海洋动物饲养员会帮助动物繁殖。

饲养员收集鳐鱼的卵单独存放,这样孵化出的小鱼就不会被大鱼吃掉了。

水母的诞生很复杂:卵会先附着在石头上,随后它会变成水螅体。水螅体会分裂出水母宝宝。

饲养员会将海胆放在水塘里,因为一些鱼宝宝喜欢藏在海胆刺的中间。

勤劳的动物医生
——爱丽尔

爱丽尔是法国诺曼底地区一个小村庄的动物医生，她每天都要检查和救治许多动物。今天，就让我们跟她一起体验一下动物医生的具体工作吧！

我叫爱丽尔，从小就非常喜爱动物，所以长大后做了一名动物医生。我的工作是给动物看病，教会动物的主人如何更好地照料它们。看，今天预约的第一批"病人"已经到了！

　　这是乔西，一只长毛垂耳狗，每年我都会给它接种预防疾病的疫苗。乔西是个勇敢的"孩子"，一点儿都不怕疼。它打过的疫苗都会被登记在接种手册上，这样乔西就能和主人一起去国外旅行了。

现在轮到哈多了，它是一只伯恩山犬。最近它的腿有点儿问题，走路摇摇晃晃的，所以它的主人带它来拍髋关节 X 光片。

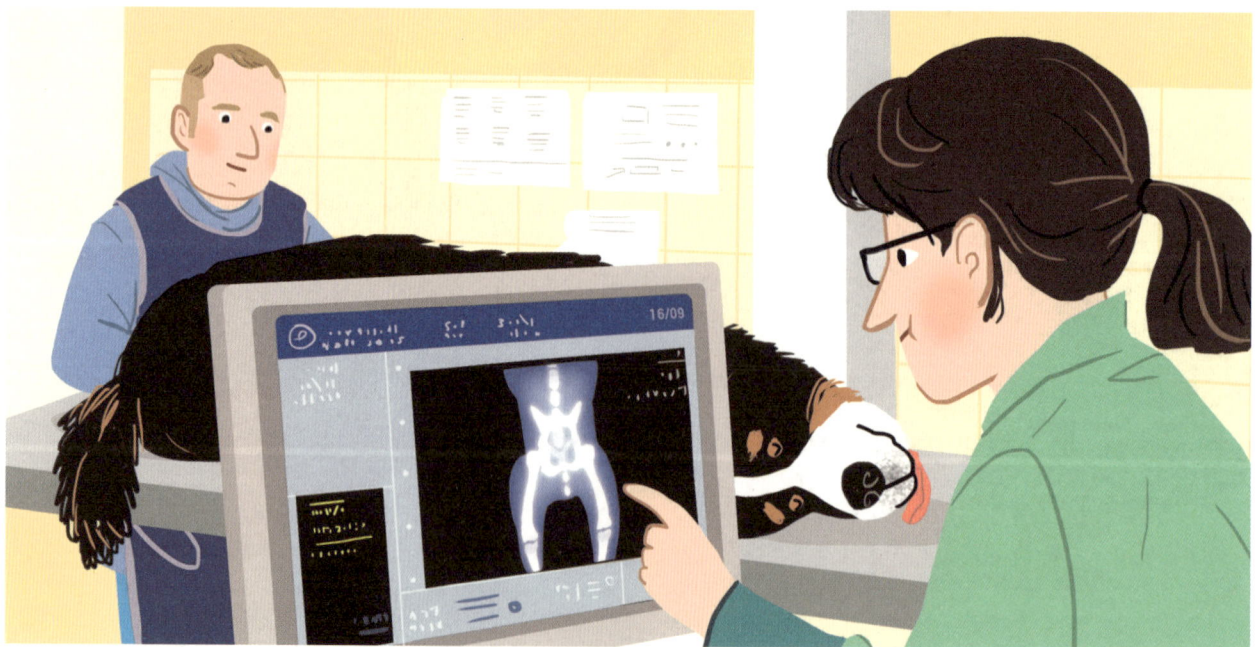

在助手贝特朗的辅助下，我为哈多拍摄了 X 光片。X 光片显示，哈多的骨头有些变形，所以我给它开了些止痛药。

这是公猫阿亚，它的脾气很暴躁，为了争夺母猫和地盘，它经常和别的猫打架。现在我要给它做绝育手术，使它的脾气变得好一些。

打了麻醉针后，阿亚眯上了眼睛。我听了听它的心跳，还给它量了体温，确保一切正常。

手术顺利结束了，我用墨水在阿亚的耳朵上写下号码，如果有一天它走丢了，人们就能通过这个号码找到它的主人了。

我把阿亚安顿好，它也慢慢醒了过来。贝特朗会在一旁监测它的健康状况，顺利的话，阿亚今晚就能回到主人身边了。

下午我的工作地点转移到了农场，这里养着上百头奶牛。每年我都会为这些奶牛抽血并把血液样本送到实验室，那里的工作人员会检测每一头奶牛是否健康。

农场里还养着一群羊。农场主匆忙跑来告诉我，有一头母羊难产了，它的小宝宝卡在母羊的肚子里出不来。

为了让小羊顺利出生，我帮它在羊妈妈的肚子里掉转了方向，然后抓住小羊的两只前蹄，把它拽了出来。它终于来到这个世界了，大家都很开心。

回到诊所，急诊区有不少"病人"正在等我。一只荷兰猪被狗咬了几口，背部和下巴都受伤了，需要马上进行手术。

我快速地对伤口进行消毒、缝合等操作，荷兰猪得救了！但我的工作并没有结束，还有其他动物需要治疗呢。走，继续去工作！

你知道吗？

除了在医院为动物看病外，动物医生还有很多其他工作内容，例如：

动物医生会在实验室中通过分析家畜和宠物的血液来检查它们是否健康，还会为动物研制新的药物。

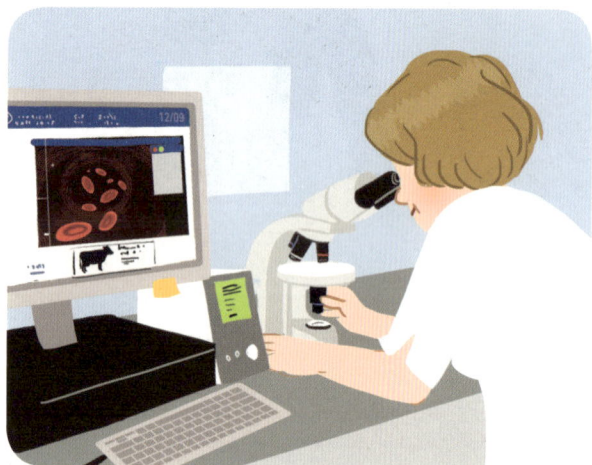

政府会安排动物医生对餐厅里肉、奶和蛋的质量进行检测。

当消防员救助动物时，动物医生会作为志愿者到现场协助消防员。

火山守护者
——艾琳

今天，富尔奈斯火山监测站的主任艾琳将带我们一起探索这座位于印度洋留尼汪岛上的火山。

火山
监测站

你好，我叫艾琳，是一名火山学家，我的工作是研究火山。那就是我们今天要探索的活火山——富尔奈斯火山。

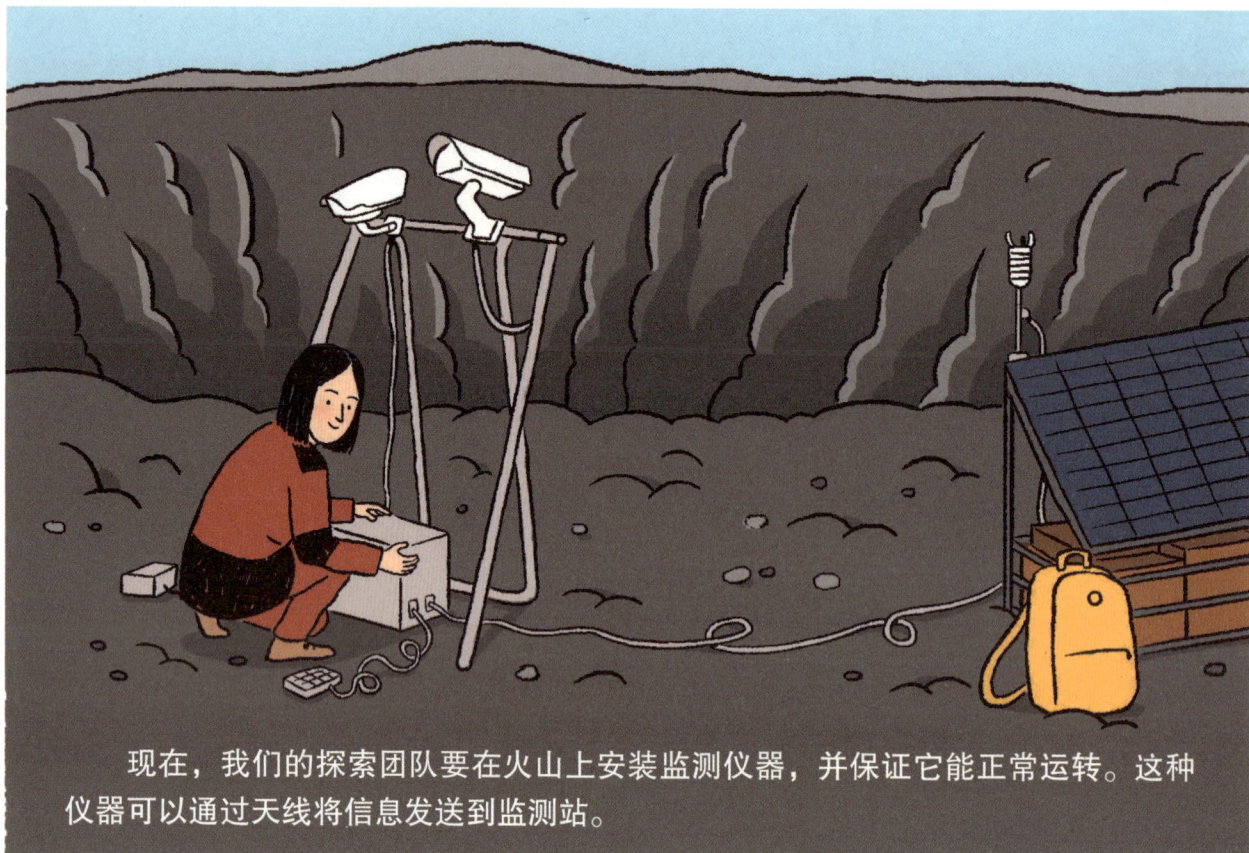

现在，我们的探索团队要在火山上安装监测仪器，并保证它能正常运转。这种仪器可以通过天线将信息发送到监测站。

安装完成后，我们回到监测站监测火山的情况。火山有时候会喷发出被高温熔化的岩石——岩浆，岩浆喷发出来以后被称作熔岩，十分危险！

"嘟嘟嘟——",尖厉的警报声响起,富尔奈斯火山要喷发了!我们赶紧向政府发出警报,通知他们尽快疏散居民和游客。

时间紧迫!我们必须马上确定火山喷发的具体位置。我们和警察登上直升机,准备利用我们的装备进行实地勘查。

喷发地就在那儿！我们从远处就能看到地面上的裂缝，岩浆正从那里向外喷涌。从裂缝涌出的熔岩顺着山势向下流淌，就好像一条灼热的河流。

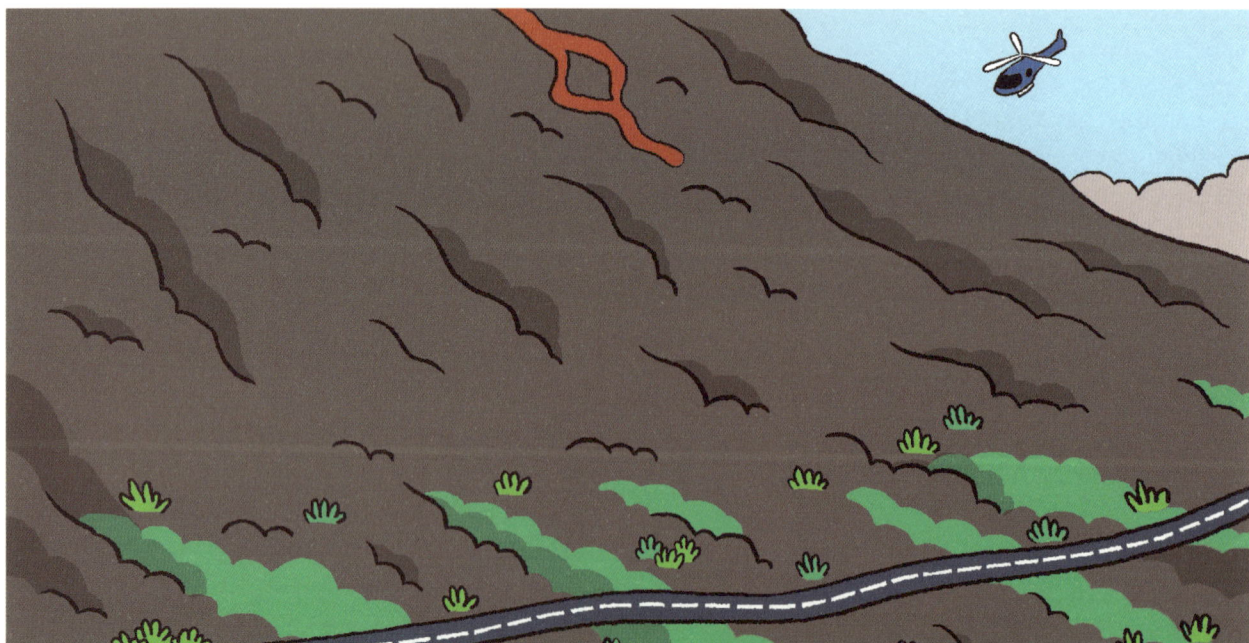

确认喷发地后，我们向可能受到威胁的居民发出了警报。幸好熔岩流经的路线上没有房屋。可是附近有条公路······

回到监测站后，我们继续监测着火山的动态。卫星数据可以帮助我们准确计算出熔岩流动的速度，这样就能知道熔岩什么时候会穿过公路了。

我和团队成员准备登上火山，近距离观测熔岩。要近距离观测熔岩必须穿上特制的工作服，这种工作服的面料能够抵御高温。

　　我们终于来到了熔岩流附近。我们用特殊的铲子把采集到的熔岩放进桶里冷却，然后再运回监测站。由于火山喷发出来的不仅有岩浆，还有毒气，所以我们的动作必须要快！

返回之前，我们还检查了监测仪器的数据。这种监测仪器负责监测火山的活动，数据显示地面升高了几毫米，火山"长高"了！

岩浆

这是火山运动的示意图：岩浆慢慢地充满了火山底部的岩浆房，岩浆房被充满后，就会向两侧推动岩石……火山就"长高"了！

　　回到监测站，我们采集到的熔岩已经冷却了，熔岩被第一时间送到了实验室里进行研究。研究的同时，我们还要持续关注火山的情况……

　　"丁零零——"，闹钟响了，今晚我必须每两个小时起床一次，监测电脑上的数据，实时了解火山的情况。好在一切正常，火山已经平静下来了。岛上的居民们终于可以安心地入睡了！

50 万年以来，富尔奈斯火山一直在有规律地喷发！

考古学家在意大利的庞贝古城发现了一辆古罗马时期的马车，它被埋藏在火山灰下将近 2000 年了！

这是位于意大利西西里岛的埃特纳火山喷发时的景象。你看这场面是不是非常壮观？

极地探险家——保罗

1907 年，保罗·埃米尔·维克多在瑞士出生，那是个远离大海的地方。所有人都以为保罗长大后会在他爸爸的烟斗厂工作，然而保罗却有一个更伟大的梦想。

小时候，保罗喜欢待在阁楼上，阅读那些记录着遥远地方风土人情的书籍。每次读书的时候，保罗都会沉浸在有趣的故事中，忘记了时间。他梦想着自己可以去北极和太平洋的岛屿上探险。

73

高中毕业以后，保罗用了十几年的时间去寻找自己真正喜欢做的事情。

他学习工程师课程。

他上海军学校。

他在爸爸的烟斗厂工作。

直到有一天，保罗终于明白了：他真正想做的事情，是旅行！

保罗曾经在巴黎学习过人类学课程，这是一门研究人的学科。人类学的研究内容包括：不同人种的生理特征、语言文化和历史发展等。

保罗想研究因纽特人。保罗希望弄明白，他们是如何在北极那样一个寒冷之地生活的。但是，要怎么找到他们呢？

保罗遇到了一位大探险家——船长沙尔科。船长很快就喜欢上了这个梦想去探险的小伙子。他用自己的船，把保罗和他的三个朋友送到了因纽特人那里。

　　那是 1934 年。保罗和他的三个朋友在一个叫安马沙利克的村子里生活了一年。在这一年间，他们学会了因纽特人的语言。

　　保罗不光学会了捕猎海豹，还学会了解剖海豹。海豹全身都是宝，皮、脂肪、骨头都有用处。在当时，如果没有海豹，因纽特人很难在冰雪世界生存下去。

保罗对因纽特人的故事和歌曲很感兴趣。因纽特人创作了许多歌曲，无论是劳动还是吵架，都有相应的歌曲。保罗把这些歌曲的歌词翻译成了法语。

一年后，保罗和他的朋友们回到了法国。保罗在报纸上发表了很多关于因纽特人的文章，还举行了好几次演讲，向人们讲述他们与因纽特人一起生活的故事。他的故事受到了许多人的关注！

　　但是，名望并不能吸引保罗，他还是更享受探险带来的乐趣。所以，他和那三位朋友再次出发，穿越了格陵兰岛。在两个多月的时间里，他们冒着暴风雪，仅靠三架雪橇和十几只雪橇犬，探索了沿途近 800 千米的冰雪世界。

探险结束后，保罗的朋友们回到了法国，保罗却留了下来。保罗在一个因纽特人的家里生活了一年多，他们 20 多个人居住在一座大草房里，挤在一间屋子里取暖。

保罗还交了一个因纽特女朋友。天气晴朗的时候，他们就住在海边的一个帐篷里。保罗完全融入了因纽特人的生活。

尽管保罗最终还是回到了法国，但他已经决定将自己的一生都奉献给那片冰雪世界和那里的居民。他组织了 150 多次去往北极的科学考察！

后来，保罗老了，他选择在太平洋中一个沐浴着阳光的小岛上度过自己的退休生活。这是他小时候的另外一个梦想……

你知道吗？

因纽特人给保罗取的名字叫"维都"。

保罗还会画画。他给孩子们编写并绘制了一本书，讲述了一个因纽特孩子的日常生活故事。

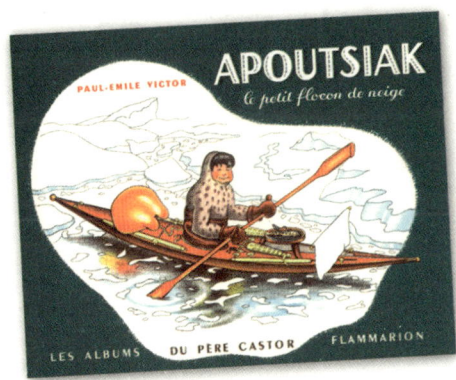

PAUL-EMILE VICTOR

APOUTSIAK
le petit flocon de neige

LES ALBUMS   DU PERE CASTOR   FLAMMARION

保罗于 1995 年去世，那一年他 87 岁。他是较早提醒人们注意保护地球环境的人之一。

那些非凡的探险家

没什么可怕的！

1993 年 9 月，琳·希尔不借助绳索，徒手攀上了美国酋长岩的陡壁，这块巨型岩石有 900 多米高！

风景真美！

1953 年 5 月 29 日，埃德蒙·希拉里和丹增·诺尔盖成为第一批登上世界最高峰——珠穆朗玛峰的人。

一个人的挑战！

1998 年至 2011 年间，格琳德·卡尔滕布鲁纳成为第一位无氧攀登完世界 14 座 8000 米高峰的女性。攀登这些高峰时她没有借助任何人的力量，都是一个人完成的！

最刺激的滑雪！

2000 年，达沃·卡尔尼卡在登上珠穆朗玛峰后，成为第一位滑雪下山的人！他只用了 4 个小时就抵达了山脚。

旅途愉快!

1932 年 5 月 20 日,阿梅莉亚·埃尔哈特成为第一位单人飞越大西洋的女性。她独自驾驶一架螺旋桨飞机,飞行了 15 个小时!

在地球轨道上!

1963 年 6 月 16 日,苏联女航天员瓦莲京娜·捷列什科娃成为第一位进入太空的女性。她在太空待了 3 天后返回地球。

冲上更高点！

1931 年 5 月，奥居斯特·皮卡尔和保罗·吉普弗成为第一批到达超过 1.5 万米高空的人类。他们的座舱吊在一个巨大的热气球下！

1，2，3……跳！

2012 年 10 月 15 日，菲利克斯·鲍姆加特纳乘坐氦气球抵达约 4 万米的高空，接着一跃而下！在此之前，还没有人从这么高的地方跳伞。

扬帆起航！

1895 年至 1898 年，约书亚·史洛坎驾驶一艘旧渔船在海上航行了 3 年多，他成为史上第一位单人驾驶帆船环游地球的人！

陆地就在前方！

1926 年 8 月 6 日，格特鲁德·埃德尔成为第一位游泳横渡英吉利海峡的女性。她用了 14 个小时。为了保持体温，她身上涂满了猪油！

加油，继续划！

2003 年，莫德·芬特尼自西向东划船横渡了大西洋。两年后，38 岁的芬特尼在 73 天的时间里划行了 8000 千米，成为第一位独自划船横渡太平洋的女性！

深潜至海底！

1960 年 1 月 23 日，雅克·皮卡德和唐纳德·沃尔什成为最早乘坐深潜器潜入太平洋马里亚纳海沟的人，这里是海洋最深处，距离海面大约有 1.1 万米！

南极点的旗帜！

1911 年 12 月 14 日，罗尔德·阿蒙森和他的同伴成为第一批到达南极点的人。

穿越危险雨林！

2008 年至 2010 年，英国退役军官埃德·斯塔福用 859 天的时间穿越了亚马孙雨林。

极限的徒步旅行!

自 2000 年,莎拉·马奎斯徒步走过了大半个地球。她在 2010 年生日那天,从南西伯利亚出发,沿途所有的陆地均使用步行方式通过,历时两年,莎拉最终抵达了澳大利亚。

滑雪前往南极!

16 岁的杰德·哈梅斯特花费 37 天时间,成功滑雪抵达南极点,她成为史上最年轻的滑雪前往南极点的女性。

女扮男装的探险家！

从 1767 年到 1775 年，珍妮·芭蕾化装成男性，搭乘法国皇家海军的一艘船，在海上旅行。她是第一位实现环球旅行的女性。

不利用引擎！

1999 年到 2000 年，迈克·霍恩沿着地球的赤道旅行。他的工具就是双腿、自行车和无动力的船只！

在空中飞行！

2002 年，史蒂夫·福塞特在气球上仅用了 14 天，就完成了单人气球无间断环球旅行！

最年轻的航海家！

2010 年，劳拉·德克尔驾驶单人帆船出发，那时她才 14 岁！后来她顺利完成了单人帆船环球旅行，成为世界上完成此壮举的最年轻的人！

天才音乐家
——莫扎特

　　260多年前，有一位小男孩在奥地利出生了，他的名字叫沃尔夫冈·阿玛多伊斯·莫扎特。后来，他成为世界上最著名的音乐家之一。

莫扎特从小就生活在音乐世家。爸爸是一位小提琴家，姐姐则学习弹奏羽管键琴。在家人的影响下，莫扎特3岁就会弹钢琴了。

莫扎特的爸爸教他音乐时，惊讶地发现自己的儿子学习速度惊人：他只教过一遍，莫扎特就可以将乐曲熟记于心！

在5岁时，莫扎特创作了自己的第一部乐曲。因为当时莫扎特还不会写字，于是爸爸帮他记录下乐谱。

　　莫扎特跟着爸爸学习读书和算术。他是个好学生，可是也很调皮——常常拿着粉笔到处写写画画。

　　每晚睡觉前，莫扎特都要站在椅子上给全家唱歌。他的歌声很美妙！他的爸爸决定向全世界展示自己儿子的艺术天分！

于是，整个莫扎特家族开始了旅行演出。在那个时代，没有电视也没有电脑，为了让大家认识自己，音乐家们需要去宫廷给王室演奏。

有一天，莫扎特进入了一座教堂。这是他人生中第一次坐在管风琴这样的大型乐器前向大家演奏。演奏精彩绝伦，旋律回荡在耳边，现场的观众赞叹不已。

　　奥地利王国的国王听说了莫扎特。他惊讶于一个 6 岁的小孩儿能弹奏出如此美妙动听的乐曲，便邀请莫扎特到皇宫觐见。为了验证莫扎特的能力，国王命人用布把键盘盖起来，结果莫扎特依然可以毫不费劲地演奏出天籁般的曲子，甚至都没有看自己的手指！

第二天，在爸爸和朋友们拉小提琴的时候，莫扎特想要加入他们，但是他从来没有学习过演奏小提琴，所以爸爸拒绝了他的请求，莫扎特很伤心。

但爸爸的一位朋友建议让莫扎特试试。莫扎特听到后，便毫不犹豫地和大人们一起演奏起来。他们配合得十分默契，莫扎特就像拉了很多年的琴师一样娴熟！他的爸爸高兴得哭了。

在环欧洲旅行的途中，莫扎特一点点地长大了。从一个宫殿到另一个宫殿，他在国王、公主面前演奏乐曲，挣到了很多钱。

很快，莫扎特拥有了一个自己的演奏厅。虽然已长大成人，但莫扎特仍然很任性，所以基本没有朋友。

之后莫扎特结婚了，定居在奥地利的维也纳。为了生存，他靠教授钢琴来养家。空闲时间，他就作曲。他甚至可以一边和别人谈话一边谱曲！大家都说他是音乐天才。

你知道吗？

莫扎特花钱非常随意，这导致他经常缺钱，所以他只能一直工作挣钱。

莫扎特一生创作了600多首作品。可惜他英年早逝，去世时年仅35岁。

虽然这位具有传奇色彩的音乐天才已经去世，但时至今日，人们对他的称赞仍不绝于耳，他的作品依然被全世界的人们演奏。

古典音乐会

观众舒服地坐在观众席上，安静地等待聆听管弦乐队的演奏。

引导员帮观众找到自己的座位。

女士把包放在衣帽间。

观众坐在椅子上。

探照灯照亮舞台。

钢琴安装在舞台上。

技术员在整理舞台。

乐谱放在乐谱架上。

演播厅导演检查一切是否准备就绪。

竖琴

二层观众席

小提琴

巴松管（大管

管弦乐指挥用指挥棒指挥演奏。

木琴
合唱队
小号
长号
大号
钹
英国管
笛子
双簧管
大鼓
小鼓
法国号（圆号）
单簧管
大提琴
定音鼓
低音提琴

105

摇滚音乐会

观众可以随着音乐跳舞。

坐在二层上的观众。

安保人员在检查是否一切正常。

刚刚在售票处买了票的观众。

这位技术员在灯光控制台上控制射灯的开关。

在音乐控制台上，技术人员控制着每件乐器的音量。

现场导演管理着技术人员和乐手。

音乐从这个像城堡一样的高音炮里传出来。

话筒安装在话筒架上。

技术员在安装电线。

工作人员把电吉他放置在舞台上。

置景师用追光灯跟随着歌手。

电子管风琴

摄影师为音乐会拍摄照片。

和声队队员

电吉他

音箱使乐手们可以听到自己演奏的曲子。

安保人员正在阻止一位试图登上舞台的观众。

电贝司

探照灯从上向下照射着舞台。

大屏幕使观众更清晰地看到乐手们的演出。

电子琴

打击乐器

激光投射出彩色的光束。

烟雾机喷出的烟雾可以制造出梦幻的氛围。

消防员在后台为音乐会的成功举办保驾护航。

神奇的画家
——达·芬奇

公元 1452 年，达·芬奇出生在意大利。虽然他不算长寿，但 67 年的时间足以让他成为世界著名的画家、雕塑家、发明家。

达·芬奇的童年是在乡下的爷爷家度过的。他的爷爷安东尼奥教会了他如何观察大自然。爷爷经常对他说："睁开你的眼睛，仔细观察大自然！"幼年的达·芬奇把这句话牢牢记在了心里。

　　12岁的时候，达·芬奇学会了演奏乐器，还爱上了数学。不过他最出众的特长是绘画，于是达·芬奇的父亲决定让他跟随名师好好学习。

　　父亲把达·芬奇送到了著名画家韦罗基奥那里学习。韦罗基奥的工作室位于佛罗伦萨。在这里，达·芬奇成长得非常迅速，他的绘画水平很快就要赶上自己的老师啦！

达·芬奇在 20 岁时就成立了自己的工作室。随着名气越来越大，不少富人慕名前来找他订画。

达·芬奇没有放下自己对音乐的热爱。他制作了一把银质提琴，还在米兰公爵卢多维科·斯福尔扎面前演奏了几首曲子。

米兰公爵被达·芬奇的才华所折服。他邀请达·芬奇为盛大的庆典设计服饰，为自己的宫殿进行装饰，甚至连配乐都请他帮忙挑选。

达·芬奇的才华不仅体现在组织庆典上，他还发明了很多军用机械，喷火车、冲锋战车、连发大炮等均出自达·芬奇之手。

  达·芬奇心中最大的梦想是在天空中飞翔。他一直牢记幼年时爷爷对他说过的话，睁大双眼，仔细观察鸟类和蝙蝠。他模仿它们翅膀的形状，设计制造了很多种飞行器。可是那些飞行器太重了，而且在那个年代，航空发动机还没有被发明出来……达·芬奇的想法太超前了，所以他设计的飞行器无法飞上天空！

达·芬奇对人体结构也很有研究。为了在绘画中完美展现人的动作，他甚至到医院里仔细观察尸体，确定骨骼和肌肉的结构。

达·芬奇有一个很好的习惯：每天都要记笔记，将自己的奇思妙想记录下来。他的手稿中有很多有意思的东西，比如著名的素描作品《维特鲁威人》——一个男人被框定在一个圆形和一个方形中，展示了最精准的男性身材比例。

　　达·芬奇还是个雕塑家。米兰公爵曾向他订制了一尊巨大的雕塑——一匹有房子那么高的马！达·芬奇在手稿中绘制出了雕塑的模样，并用黏土做出了马的模型。可惜的是，这个模型在一场战争中被毁掉了。

　　达·芬奇的名气太大了，甚至跨越了国界。法国国王弗朗索瓦一世邀请他到法国定居，并在昂布瓦斯自己的城堡旁为他准备好了住处。达·芬奇欣然赴约，翻越阿尔卑斯山来到了法国。

　　达·芬奇随身带了几幅自己的得意画作，其中就包括一幅叫作《蒙娜丽莎》的油画，现在它可以说是世界上最著名的画作了！

　　达·芬奇的余生都在法国度过，他成了法国国王弗朗索瓦一世的好朋友。有传言说，为了便于拜访达·芬奇，国王甚至专门在城堡里挖了一条地下通道。

艺术殿堂卢浮宫

卢浮宫门口的这座大型玻璃金字塔建造于 30 年多前。

这座金字塔高达21米，相当于 7 层楼那么高！

这座金字塔由603块玻璃构成，玻璃之间由金属支架连接。

刚建成时，很多法国人认为这座现代建筑与卢浮宫的风格不是很协调。

可经过著名建筑师贝聿铭的改造，如今玻璃金字塔和埃菲尔铁塔一样，成了法国的标志性建筑！

玻璃金字塔是卢浮宫博物馆的入口。

一起来探寻卢浮宫里的秘密吧！

这里是卡鲁索广场，它是由著名的法国国王路易十四兴建的。

现在卡鲁索广场的地下是一个购物中心。

看，这里有一座倒置的金字塔！

这两大块玻璃天棚为下面展览的雕塑遮风挡雨。

拿破仑三世的房间

纪念品商店　　售票处

达·芬奇的《蒙娜丽莎》

达尼埃莱·里恰莱利的这幅画非常奇特——画布的正反两面都有画，从不同的角度描绘了同一个场景！

这尊发掘于新石器时代遗址的可爱雕塑是卢浮宫最古老的展品，大约有9000年的历史！

巨大的玻璃金字塔背面及左右两旁还围绕着三座小金字塔！

法国画家创作的大幅绘画在这里展出。

这条长廊沿塞纳河而建，名为大画廊。

在中庭广场的下方，我们能看到建于 1190 年的城堡的遗迹。

2018 年，卢浮宫内安放了一些蜂巢。你看到它们了吗？

在这里，你能见到石棺和木乃伊。

这尊雕塑名为《米洛斯的维纳斯》，它的两条手臂是残缺的！

快看阿波罗画廊金碧辉煌的拱顶！

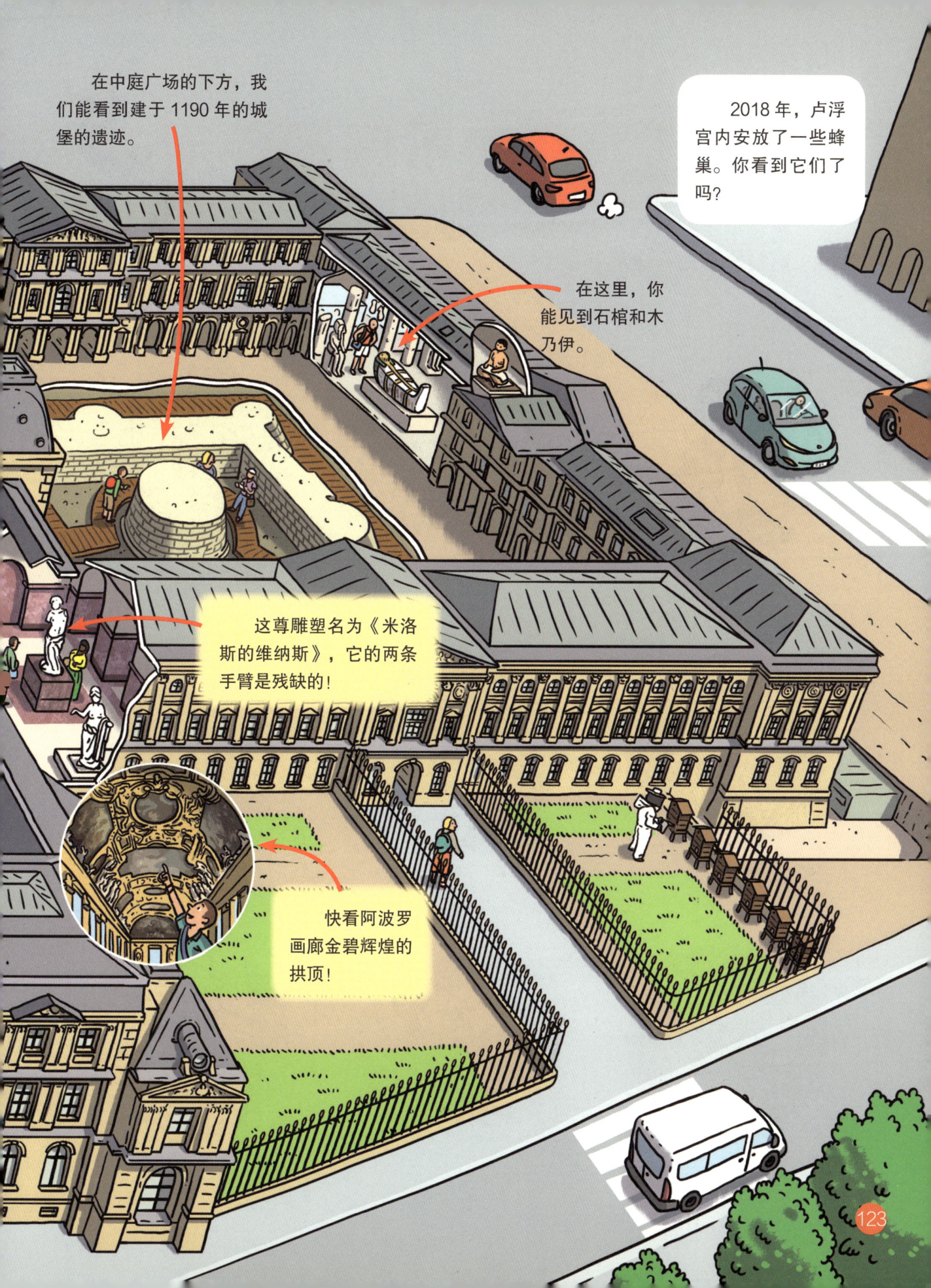

快在书中找一找下面这些图片都出现在哪里吧！
请扫描二维码查看答案。

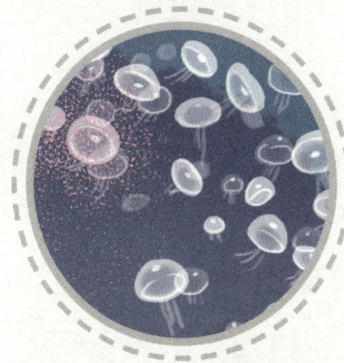

索引

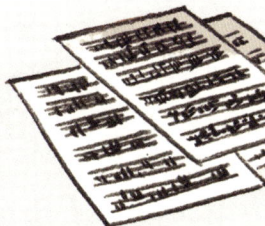

图书在版编目(CIP)数据

与众不同的职业 / 法国巴亚出版社编绘；潘蕾译
. -- 天津 : 新蕾出版社 , 2023.12
　　（人类文明档案馆）
　　ISBN 978-7-5307-7487-8

　　Ⅰ.①与… Ⅱ.①法… ②潘… Ⅲ.①职业-儿童读
物 Ⅳ.① C913.2-49

中国国家版本馆 CIP 数据核字 (2023) 第 052785 号

书　　名：	与众不同的职业　　YUZHONGBUTONG DE ZHIYE
出版发行：	天津出版传媒集团
	新蕾出版社
	http://www.newbuds.com.cn
地　　址：	天津市和平区西康路35号（300051）
出 版 人：	马玉秀
电　　话：	总编办（022）23332422
	发行部（022）23332679　23332362
传　　真：	（022）23332422
经　　销：	全国新华书店
印　　刷：	天津新华印务有限公司
开　　本：	889mm×1194mm　1/16
字　　数：	60千字
印　　张：	8
版　　次：	2023年12月第1版　2023年12月第1次印刷
定　　价：	68.00元